NOTA A LOS PADRES

Aprender a leer es uno de los logros más importantes de la pequeña infancia. Los libros de *¡Hola, lector!* están diseñados para ayudar al niño a convertirse en un diestro lector y a gozar de la lectura. Cuando aprende a leer, el niño lo hace recordando las palabras más frecuentes como "la", "los", y "es"; reconociendo el sonido de las sílabas para descifrar nuevas palabras; e interpretando los dibujos y las pautas del texto. Estos libros le ofrecen al mismo tiempo historias entretenidas y la estructura que necesita para leer solo y de corrido. He aquí algunas sugerencias para ayudar a su niño antes, durante y después de leer.

Antes

• Mire los dibujos de la tapa y haga que su niño adivine de qué se trata la historia.

• Léale la historia.

• Aliéntelo para que participe con frases y palabras familiares.

• Lea la primera línea y haga que su niño la lea después de usted.

Durante

• Haga que su niño piense sobre una palabra que no reconoce inmediatamente. Ayúdelo con indicaciones como: "¿Reconoces este sonido?", "¿Ya hemos leído otras palabras como ésta?"

• Aliente a su niño a reproducir los sonidos de las letras para decir palabras nuevas.

• Cuando necesite ayuda, pronuncie usted la palabra para que no tenga que luchar mucho y que la experiencia de la lectura sea positiva.

• Aliéntelo a divertirse leyendo con mucha expresión... ¡como un actor!

Después

• Pídale que haga una lista con sus palabras favoritas.

• Aliéntelo a que lea una y otra vez los libros. Pídale que se los lea a sus hermanos, abuelos y hasta a sus animalitos de peluche. La lectura repetida desarrolla la confianza en los pequeños lectores.

• Hablen de las historias. Pregunte y conteste preguntas. Compartan ideas sobre los personajes y las situaciones del libro más divertidas e interesantes.

Espero que usted y su niño aprecien este libro.

—Francie Alexander

Especialista en lectura

Scholastic's Learning Ventures

A Kaj
— F.R.

A Lula Brockman Estes
— J.C.

Mi agradecimiento a Russel K. Pearl
de la Sociedad Herpetológica de Chicago

NOTA DEL EDITOR: LOS NOMBRES COMUNES
DE LOS CAMALEONES PUEDEN VARIAR
SEGÚN LOS PAÍSES O REGIONES.

**Para información sobre autores e ilustradores de Scholastic, visite
scholastic.com**

Originally published in English
as *Cool Chameleons!*

Translated by Carmen Rosa Navarro.

ISBN 0-439-37969-5

12 11 10 9 8 7 6 5 4 3 2   02 03 04 05 06

Printed in the U.S.A.
First Scholastic Spanish printing, April 2002

24

¡CAMALEONES!

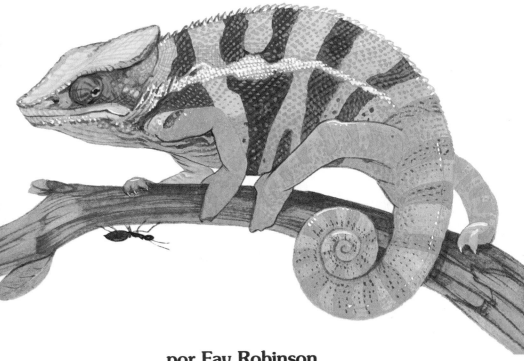

por Fay Robinson
Ilustrado por Jean Cassels

¡Hola, lector de ciencias! — Nivel 2

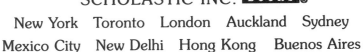

SCHOLASTIC INC.

New York   Toronto   London   Auckland   Sydney
Mexico City   New Delhi   Hong Kong   Buenos Aires

¡Camaleones!
Pequeños dragones

ocultos entre las ramas.

Cuerpos con forma de hojas,
cola larga y enroscada,

piel áspera y arrugada,
toda cubierta de escamas.

Caras grandes y chistosas,
el ceño siempre fruncido.

A veces yo
me pregunto:
¿Está enojado
conmigo?

Sus ojos como guisantes miran a todos los lados. Un ojo mira hacia arriba y el otro mira hacia abajo.

Trepan muy
lentamente
los árboles de
la selva.

9

Negros, rojos, verdes, azules
y todos los demás colores.

11

Manchas y círculos claros,
oscuros y tornasoles.

¡Qué hermosos camaleones!

Cambian de colores según la ocasión,
si se enojan o se enferman,

cuando hace frío o calor.

Algunos desaparecen
como por arte de magia.
¿Ves aquí al camaleón?

Sus huevos bien enterrados
están siempre a buen recaudo.

Uno por uno se rompen
y salen los camaleones

a trepar su primer árbol.

A la hora de comer
esperan muy concentrados.

Ven un pequeño
insecto,
la lengua se
vuelve flecha.

21

¡Zas!

El insecto está atrapado.

¡Glup!

¡Se cierra la boca hambrienta!

¡Qué variedad de narices!

Con nudos

y puntiagudas

o redondas como
uvas.

Algunas parecen
mazorcas,
otras, cuernos afilados
y otras son largas y finas.

Hay cabezas con jorobas,

otras tienen dos aletas,

sombreros de
copa alta,
sombreros
verdes de fiesta.

Como en los cuentos de hadas,
con escamas en la espalda
y ojos que echan llamaradas.

¡Camaleones!
¡Pequeños dragones
ocultos entre las
ramas!

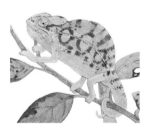

Página 7:
Camaleón verrugoso

Página 9:
Camaleón alfombra
(Macho)

Portada:
Camaleón de Senegal

Página 7:
Camaleón colmilludo

Página 4:
Camaleón pantera

Página 10:
Camaleón de La Bo

Página 5:
Camaleón enjoyado

Página 8:
Camaleón de Senegal

Páginas 10 y 11:
Camaleón pantera

Página 6:
Camaleón de Parson

Página 9:
Camaleón alfombra
(Hembra)

Página 11:
Camaleón pantera

Página 12:
Camaleón isabelino

Página 15:
Camaleón de Senegal

Página 20:
Camaleón
pantera

Página 12:
Camaleón de Minor
(Hembra)

Página 16:
Camaleón
orejas
de elefante

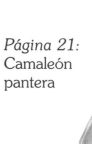

Página 21:
Camaleón
pantera

Página 13:
Camaleón alfombra

Página 18:
Camaleón de Senegal

Página 22:
Camaleón pantera

Página 14:
Camaleón de Senegal

Página 19:
Camaleón de Senegal

Página 23:
Camaleón pantera

Página 24:
Camaleón de Parson

Página 25:
Camaleón de Jackson

Página 27:
Camaleón velado

Página 24:
Camaleón de
nariz larga

Página 26:
Camaleón de casco

Página 28:
Camaleón de
montaña

Página 24:
Camaleón pantera

Página 25:
Camaleón de Fischer

Página 26:
Camaleón orejas
de elefante

Página 29:
Camaleón colmillud